… Charles Isoard
… plus connu sous le
nom de Delisle de Sales.

PARALLELE

ENTRE

DESCARTES

ET

NEWTON.

Par M. de L....

A LA HAYE.

M. DCC. LXVI.

PARALLELE
DE
DESCARTES
ET
DE NEWTON.

LORSQUE le plus bel esprit de nos Philosophes prononça dans ce siécle l'éloge funèbre de Newton, on entendit pour la premiere fois le parallèle de ce grand homme avec Descartes; je viens tenter d'élever l'édifice dont Fontenelle a jetté quelques fondemens : mais on ne doit pas s'attendre à me voir étaler dans cet Ouvrage toute la pompe de l'art oratoire; les fleurs de l'éloquence sont trop déplacées sur le tombeau des Géométres.... O Archimede! on n'environna point ta tombe de ces inſcriptions faſtueuſes, avec leſquelles l'orgueil des vivans avilit la vertu des morts : mais tu y fis graver une ſpirale, & Cicéron reconnut le monument qui renfermoit ta cendre au milieu des débris de Syracuſe.

L'éloge de Newton eſt inſéparable de celui de Deſcartes, parce que leurs noms ſont toujours unis dans les faſtes de la Philoſophie, & qu'on eſt accoutumé à les voir marcher enſemble à l'immortalité... Deſcartes & Newton ! quels noms ! qu'ils ſont ſacrés pour tout être qui penſe ! Philoſophes d'Athenes, malgré le faſte qui vous environne, que vous êtes petits auprès des deſtructeurs de vos Autels !

Deſcartes & Newton reçurent également de la nature ce génie créateur qui voit d'un coup-d'œil tout l'enſemble des Etres, cette ſagacité qui pénétre leurs rapports & parcourt ce tronc immenſe juſques dans ſes dernieres ramifications ; & cet eſprit d'analyſe qui opère à l'égard des ſciences, comme la chymie opère à l'égard des corps hétérogenes, & qui les décompose pour les ramener à leurs principes primitifs ; & comme il n'y a point d'enfance dans les grands hommes, ils étonnerent le monde au premier pas qu'ils y firent : Descartes trouva au Collége sa fameuse Analyse, & Newton n'avoit pas vingt-quatre ans quand il inventa le calcul de l'Infini.

Ces hommes de génie ne donnerent point à l'autorité dans les matieres philosophiques le pas sur la raison : ils ne commenterent point les Commentateurs des Anciens : ils n'étudierent point la nature dans les livres des hommes : mais on reconnoît en eux de vrais Philosophes à la nouveauté de leurs idées, & encore plus à la simplicité de leurs principes ; avec quelle satisfaction ne voit-on pas Newton déduire d'un seul théorème, la marche des astres ; & Descartes avec trois régles de méchanique, construire l'édifice des cieux.

Mais la postérité ne rapprochera jamais mieux les traits de ces deux grands hommes, qu'en les considérant comme

Géométres : les principes de l'un & la Géométrie de l'autre n'ont point eu de modéles : on ne voit rien dans ces Ouvrages qui appartienne à ceux qui les ont précédés ; leurs Auteurs y supposent les anciennes découvertes : & sur cette base ils placent avec confiance les leurs propres, comme sur les débris d'anciens monumens du Capitole, un Architecte Romain ose élever des arcs de triomphe qui les effacent.

La Philosophie moderne a peine à concevoir comment deux hommes ont pu faire tant de découvertes dans une région aussi inculte que la haute Géométrie : le calcul de l'infini, & les loix de la gravitation ont été trouvés par le Mathématicien Anglois ; la méthode des indéterminées, la régle pour trouver plusieurs moyennes proportionnelles, l'opération sur la trisection de l'angle, & une grande partie de la théorie des courbes sont dûes à la pénétration du Géométre François ; & je m'étonne que le nom des Inventeurs ne soit pas resté à leurs découvertes, comme le nom de Diocles est resté à sa cissoïde, & celui d'Archimede à sa spirale : c'est par la même bizarrerie du sort que Vespuce donna son nom au nouveau monde, dont Colomb avoit fait la découverte.

J'ai parlé du tribut d'admiration qu'on a payé également à la mémoire des deux grands hommes, dont j'ai entrepris le parallèle ; je parlerai aussi des reproches communs qu'ils ont essuyés. Le siécle de ces Philosophes leur a quelquefois contesté l'existence de leurs découvertes ; le nôtre plus injuste encore les a blâmés d'en avoir borné le nombre ; on a fait un crime à ceux qui ont amené dans l'Europe la révolution qui l'a tirée de la barbarie, d'avoir laissé quelques vérités à découvrir à leurs successeurs : mais c'est reprocher à l'Auteur de Cinna de n'avoir pas fait Athalie.

On ne sçauroit encore pardonner au créateur de la gravitation & à l'inventeur des tourbillons, d'avoir été systématiques ; mais que ce reproche releve à mes yeux les grands hommes qu'on veut flétrir !.. Esprits foibles & vulgaires, vous blâmez le génie de voir d'un coup-d'œil l'ordre entier de nos connoissances ? Vous reprochez à un Architecte sublime d'avoir osé créer un édifice, dont il ne devoit qu'arranger les matériaux ?

Qu'un Auteur froidement exact se traîne en rampant à la suite de quelques vérités qu'il entrevoit ; il a droit à mon estime, puisqu'il a voulu m'éclairer : mais qu'un homme de génie dirige son essor loin de nos foibles intelligences ; qu'il plane au-dessus des principes, & réunisse sous un seul point de vûe tout le systême des êtres ; je dois mesurer mon enthousiasme à l'élévation de son vol ; je dois encore moins admirer la colombe dans l'égalité de sa course, que l'aigle dans ses chûtes.

Pourquoi un systême dégraderoit-il son Auteur ? Il est toujours beau d'agrandir la sphère de ses idées, de se placer à la source de tout, & de croire tenir avec la nature l'extrémité de la chaîne qui lie l'infini avec les intelligences créées ; Platon, Tacite, Bacon, Leibnitz & Monteſquieu (1) ont tous été ſyſtématiques ; & s'ils ſe ſont égarés, c'eſt peut-être moins la faute de ces grands hommes, que celle de l'humanité.

J'avoue que le ſyſtême des tourbillons ne paſſe plus que pour un Roman ſublime, qui fait honneur à l'eſprit du Philoſophe, ſans faire autorité dans la Philoſophie : mais en combattant le pere de la Phyſique moderne, qu'on n'oublie jamais qu'avec cette chimere ingénieuſe, il expliquoit les plus hardis phénomènes de

(1) Ce Platon qui écrivit ſur le monde intellectuel, comme Homere eut écrit ſur l'Iliade après l'avoir compoſée ; — ce Tacite qui devina par la force de ſon imagination, ce que les Tiberes & les Nérons auroient voulu enſevelir dans un oubli éternel ; — ce Bacon qui ne penſa que d'après lui-même, & qui oſa mettre dans ſon teſtament : *Je légue mon nom & mes écrits* à *la poſtérité, car mon ſiécle ne me connoît pas* ; — ce Leibnitz qui parle des ouvrages de Dieu, comme s'il eût aſſiſté à la création ; — ce Monteſquieu enfin plus grand encore, & plus ſyſtématique qu'eux tous, & qui auroit juſtifié aux yeux des Nations l'entrepriſe de la Monarchie univerſelle, tant reprochée à Louis XIV, s'il avoit été aſſis ſur ſon Trône.

l'Astronomie (2) qu'il n'a pu prévoir les subtiles expériences de Roëmer, des Picard, & des Bradley sur la propagation de la lumiere, & que jamais on n'eût abandonné cette brillante hypothése, si on n'y eût été entraîné par la théorie des forces centrales; une nuée de critiques s'est élevée pour détruire ce fragile édifice; mais j'ose penser que le seul créateur de la gravitation pouvoit se mesurer avec l'inventeur des tourbillons; un génie tel que Descartes a droit à nos hommages, lors même qu'il s'égare: c'est la statue du pere des Dieux que le grand-Prêtre à genoux peut voiler quelquefois; mais que le vulgaire de ses adorateurs ne sçauroit toucher sans sacrilège.

Il seroit encore plus aisé de faire l'apologie de la gravitation, quand cette loi de la nature ne seroit qu'une qualité oc-

(2) Il expliquoit aussi le flux & le reflux de la mer, & rendoit compte de la gravitation des corps par la force centrifuge du tourbillon même... C'est un échâfaut avec lequel Descartes a commencé la construction d'un vaste édifice; la Physique moderne est venue ensuite, elle a adopté une partie de l'édifice, & a rejetté l'échafaut.

culte ; on devroit encore l'adopter en faveur de tant de phénomènes dont elle nous a procuré l'intelligence : c'est par son secours que Newton a calculé la masse des astres & les loix de la pesanteur dans les globes inaccessibles qui nous environnent ; sans elle il eut méconnu la fameuse période de la précession des équinoxes, le cicle lunaire, la révolution des apsides de la lune, & la course myptique des planètes ; sans elle il n'eut point été Astronome, il n'eut point été Newton.

Mais si Descartes & Newton se rapprochent par tant de traits, ne dissimulons pas qu'il y en a aussi plusieurs qui les distinguent.

Descartes, né avec une imagination impétueuse, se crut, comme les Despotes de l'Asie, au-dessus des loix qu'il créoit : Newton, né avec un jugement profond, imita les Monarques de l'Europe, & se soumit aux loix qu'il imposoit ; le premier voulut asservir la nature à ses idées ; le second aima mieux régler les siennes sur les idées sublimes de la nature : un Architecte éleve un édifice brillant dont il a créé lui-même les matériaux ; & voilà Descartes : un autre voit à ses pieds une carriere de marbre, & s'en sert pour construire un édifice supérieur au premier ; & voilà Newton.

Descartes devint un Métaphysicien sublime, en oubliant ce qu'il avoit appris de la métaphysique de son temps ; il égala en anatomie Galien & Vésale, & ne les étudia pas ; il devint le premier Géométre de son siécle sans le secours des Viétes (3) & des Euclides ; parce qu'il est plus aisé à un génie supérieur de créer une science, que de se traîner lentement sur les études des autres. Newton moins hardi, étudia les grands hommes pour les effacer ; sans la connoissance des loix de Kepler (4), il eût ignoré la théorie des

(3) Viéte est l'inventeur de l'*Algébre spécieuse* & de la Géométrie des *sections angulaires* : il étoit si éclairé, & son siécle l'étoit si peu, qu'il mourut soupçonné d'être Magicien.

(4) La fameuse régle de Kepler, que le quarré d'une révolution d'une planète est toujours au quarré des révolutions des autres planètes, comme le cube de sa distance est aux cubes des distances des autres au centre com-

forces centrales : les expériences de Boyle lui apprirent à analyser la lumiere ; peut-être même que les défauts des tourbillons de Descartes lui firent naître l'idée admirable de la gravitation universelle ; ces grands hommes marcherent avec le même feu à la recherche de la vérité ; mais l'un étoit armé des connoissances philosophiques de tous les âges, l'autre osoit y suppléer par les siennes : Descartes est l'Atlas de la fable, qui soutenoit de ses seules forces le poids du Ciel : Newton ressemble davantage à cet Encelade, qui entassoit Ossa sur Pelion pour l'escalader.

---

mun ; cette fameuse régle, dis-je, confirme les découvertes Newtoniennes sur la gravitation : j'ajouterai même, sur la foi de Fontenelle, qu'à la rigueur il ne seroit pas impossible que Newton la connût avant de composer ses principes : le Philosophe Anglois auroit alors changé le nom de force centrifuge en celui d'attraction, & son calcul ne seroit établi que pour travestir la régle de Kepler. — Voy. Fontenelle, Théorie des Tourbillons, tom. 9 de ses Œuvres, pag. 112—277 & 278.

Si cette observation est juste, il est constant que Kepler avoit la clef du système des cieux ; mais elle étoit inutile entre ses mains : Newton est venu, & s'en est servi pour surprendre les secrets de la Nature.

O vous ! qui honorez la cendre des grands hommes qui reposent à Westminster, d'un culte exclusif, ne craignez pas que la main d'un étranger vienne fanner les guirlandes dont vous chargez la tombe de Newton : je serai moi-même Anglois, quand il ne faudra que louer le premier de vos Philosophes; oui, Newton a opéré une révolution parmi les êtres qui pensent ; il a placé le compas de la Géométrie sur le théâtre de l'imagination, il a appris aux Astronomes qui n'étoient que Poëtes à être Calculateurs ; il a créé les Halley, les Bouguer & les Maupertuis : cependant Descartes a plus fait encore, il a créé Newton.

Descartes ne dut sa gloire qu'à lui-même ; Newton la dut & à lui-même & à son rival : on admira d'abord beaucoup plus ce dernier parce que personne ne l'entendit : on vanta beaucoup moins le premier, parce que tout le monde l'entendit ou crut l'entendre ; ainsi ce grand homme fut d'abord mal jugé, parce qu'il nous avoit trop bien appris à juger. Newl'on fit beaucoup d'enthousiastes, ce qui ne fait l'éloge que de l'Auteur ; Descartes fit peu d'enthousiastes & beaucoup d'éleves, ce qui fait l'éloge & de l'Auteur & de l'Ouvrage.

Je n'ignore point que la gravitation explique mieux le systême des cieux que les tourbillons : l'optique même de Newton est supérieure à la dioptrique de Descartes ; mais on doit avouer que Descartes a porté une lumiere supérieure dans toutes les Sciences, tandis que Newton n'a fait que porter la Géométrie dans la Physique. Descartes, hardi Astronome, profond Géométre, Métaphysicien exact, Moraliste sublime, étoit toujours le même dans quelque science qu'il embrassât (5) :

(5) Descartes étoit universel, il *joignoit* même les arts d'agrément aux sciences profondes. La raison chez lui est presque toujours embellie des graces de l'imagination : souvent on est surpris à la lecture de ses Ouvrages, de voir une comparaison ingénieuse à la suite d'un calcul hérissé d'algèbre : ce grand homme avoit fait une étude si profonde de la Nature, qu'il la trouvoit sans cesse sous sa plume ; il peignoit avec plus de facilité que les autres n'écrivent.

Newton cesse d'être Newton quand il commente l'apocalypse.

Je ne doute point que le caractere des Nations parmi lesquelles ces deux grands hommes ont pris naissance, n'ait aussi influé sur l'idée de leur mérite : l'Anglois qui fait l'apothéose de tous ses grands hommes, comme l'ancienne Rome faisoit celle de tous ses Empereurs ; l'Anglois, dis-je, a pu décerner à Newton le culte du Fanatisme (6); le François qui met au nombre de ses Citoyens tous les sages

(6) Je pourrois justifier cette assertion en rapportant l'épitaphe que le plus grand Poëte de l'Angleterre a fait en faveur de Newton : que les hommes sans préjugé la lisent & me jugent.

Epitaphe destinée au Chevalier NEWTON *dans l'Abbaye de Westminster.*

ISAACUS NEWTONUS
QUEM IMMORTALEM
TESTANTUR TEMPUS, NATURA, CŒLUM;
MORTALEM
HOC MARMOR FATETUR.

La nature & les loix de la nature étoient cachées dans le sein de la nuit : Dieu dit : *que Newton soit, & la lumiere parut.*

Voy. Œuv. de Pope, tom. 2, pag. 444.

sages de l'Univers, a offert à Descartes le culte de la raison : ainsi le jugement de Londres pourroit n'être que le jugement de Londres ; & celui de Paris est peut-être le jugement de l'Univers.

Si, après avoir examiné les Philosophes dans Descartes & Newton, je venois à examiner en eux les hommes ; ils me fourniroient les motifs d'un contraste aussi singulier.

Newton joignit toute sa vie la Philosophie pratique à la Philosophie spéculative ; & il parvint à une extrême vieillesse, sans avoir jamais subi l'atteinte des passions ; parce qu'il employa à connoître, le temps que les hommes perdent à jouir, & que toujours maître de lui-même, il aima mieux étudier l'homme, que de le dégrader.

Que Descartes de ce côté est bien inférieur à Newton : si les loix de la vérité étoient moins séveres, & si quelques taches dans un corps lumineux pouvoient effacer la pureté de ses rayons, je jetterois ici un voile officieux sur les foiblesses de cet homme célébre ; foiblesses qui tiennent à l'humanité, mais qui ne déshonorent pas moins le Philosophe aux yeux de la raison : . . . déja l'on me prévient, on se rappelle l'engagement illégitime qui retint quelque-temps l'Hercule de la Philosophie aux pieds d'Omphale, & l'on rougit de reconnoître le pere de Francine dans le vainqueur d'Archimede & le rival de Newton.

Mais n'arrêtons pas notre vûe sur les fautes d'un grand homme, fautes qu'il a effacées en les avouant ; examinons plutôt quels honneurs ont reçu de leur vivant, des Philosophes qui ont tant mérité de l'humanité.

Je n'aurai point à rougir pour ce siécle en racontant ce qu'il a fait pour Newton : cet homme de génie, tranquille au sein de sa patrie, vit ses systêmes s'établir à leur naissance ; & Londres reconnut en lui le successeur d'Archimede, avant même que le petit nombre de Géométres qui pouvoient l'entendre, pussent vérifier la justesse de ses calculs.

Descartes au contraire trouva mille contradictions dans son siécle ; le ciel de Hollande n'eut jamais pour lui de sérénité : il fut d'abord méprisé pour avoir découvert la vérité, & persécuté ensuite pour avoir voulu en faire part au genre humain ; les Vaninis de son temps le firent passer pour un homme crédule ; & ce qui doit moins étonner encore, les superstitieux le dénoncerent aux Tribunaux comme Athée, tant le Fanatisme est aveugle sur le choix de ses ennemis, tant le scélérat qui calomnie a de forces contre le sage qui lui pardonne, tant l'insecte qui pique, a de prises sur le Philosophe qui pense.

Si plusieurs des chef-d'œuvres de Descartes sont mutilés, si d'autres même n'ont jamais vû le jour, les ennemis de la Philosophie doivent en remercier le Tribunal terrible de l'Inquisition, qui exerçoit alors dans la moitié de l'Europe son sanglant despotisme : notre Philosophe de sa retraite de Déventer, voyoit sans cesse les flammes qui dévoroient à Florence les écrits de Galilée, & il trembloit à chaque instant que des Ministres d'un Dieu de paix ne vinssent un glaive sacré à la main, le punir d'avoir eu raison en Physique.

Mais quelle est l'ame vulgaire qui oseroit tirer des triomphes de Newton, la preuve de sa supériorité sur Descartes ? Ignore-t-on que l'apanage de tout ce qui est grand, est d'être persécuté? S'il étoit permis à mon foible pinceau de peindre le génie, je le représenterois sous la forme d'un colosse enchaîné ; la génération présente ramperoit à ses pieds, en blasphémant l'être dont elle ne peut mesurer la hauteur : on croiroit entendre le génie mêler sa voix au bruit de ses fers qu'il agite dans son enthousiasme ; on croiroit voir les éclairs de ses yeux lutter contre les feux du volcan que le Fanatisme entrouvre à ses côtés ; tandis que le temps dénonce à la Justice des siécles futurs, les oppresseurs barbares du génie, & lui prépare une gloire dont il doit jouir, quand il n'existera plus.

Oui, Descartes fut persécuté, & peut-être l'ombre de Newton auroit droit d'en vier à celle de ſon rival ces perſécutions qui ſont le ſceau du génie ; la poſtérité ſoupçonne d'avoir travaillé pour ſon ſiécle, le Philoſophe qui en fut trop honoré : ſi jamais la voix de ces ſages qui ont blanchi ſur l'étude du genre humain, ſe fait entendre dans Londres : elle dira : *ô Anglois ! ou vous êtes plus que des hommes, ou Newton eſt moins que Deſcartes.*

A Dieu ne plaiſe que je déprime Newton, même en louant ſon rival. Newton fut le plus grand Philoſophe de ſon ſiécle : le priſme en main il oſa le premier faire l'anatomie de la lumiere ; & en ſoumettant les aſtres aux loix invariables de ſes calculs, il arracha à la nature le bandeau qui la couvroit depuis la naiſſance des âges ; l'Europe entiere a adopté ſes expériences, & l'on n'y combat même ſon ſyſtême, qu'en admirant le génie de ſon inventeur : ainſi ce grand homme n'a plus rien à redouter des jugemens détracteurs de l'envie, & il peut ſe repoſer ſur la main lente du temps de l'accroiſſement de ſa gloire : ſemblable à cet Homere dont on [illegible] avec un nouveau respect les [illegible]blimes, & à qui chaque siécle semble apporter un nouveau titre à l'immortalité.

Mais si ce grand homme ranimoit sa cendre, & que soulevant le marbre du tombeau où il est enseveli à côté de ses Rois, il parût en cet instant à nos yeux; il diroit avec cette candeur si naturelle au génie... « O Descartes! ô mon maître! » ô toi que j'ai combattu quelquefois, & » que j'ai toujours admiré! nous avons » tous les deux consacré notre vie à la re- » cherche de la vérité; mes travaux ont » été honorés de quelques succès, j'ai fait » quelques découvertes, j'ai éclairé mon » siécle qui m'éclairoit à son tour; mais » toi, par quel art as-tu civilisé des Barba- » res? comment as-tu pu faire entendre » la voix paisible de la raison, lorsque le » préjugé tonnoit dans l'école, que l'en- » vie murmuroit sourdement à tes côtés, » [illegible] que le glaive du Fanatisme étoit sus- [illegible]ndu sur ta tête?... Tandis que tout [illegible] sous le joug du préjugé, & que

» les ames de tes contemporains [illegible]
» circonſcrites dans le cercle étroit des pe-
» tites idées qu'on leur faiſoit adopter ;
» toi ſeul, armé de toutes les forces de l'eſ-
» prit humain, tu as briſé les fers qui cap-
» tivoient la Philoſophie, & tu l'as placée
» ſur le trône des Rois.... Quel ennemi
» de ta gloire ſe flatteroit d'en ternir les
» rayons ? qui oſeroit voir des erreurs dans
» tes découvertes immortelles, s'il n'eſt
» toi-même? Tu as pris un eſſor trop élevé,
» pour que le vulgaire puiſſe appercevoir
» de l'inégalité dans ton vol : tu reſſembles
» à ces comètes dont j'ai calculé la vîteſſe,
» & qui ne paroiſſent irrégulieres qu'à cau-
» ſe de l'excentricité de leurs orbites.

FIN.

www.ingramcontent.com/pod-product-compliance
Ingram Content Group UK Ltd.
Pitfield, Milton Keynes, MK11 3LW, UK
UKHW032038260826
14628UKWH00007B/3032

9 782019 145767